IDÉES

Sur la Conſtitution politique la plus
convenable à la Ville de Paris formant ſeule un Departement.

Par M. DU PONT, *Député du Bailliage
de Nemours* , *à L'ASSEMBLÉE
NATIONALE.*

A PARIS,

Chez BAUDOUIN, Imprimeur de L'ASSEMBLÉE
NATIONALE, rue du Foin S. Jacques, nº 31.

1790.

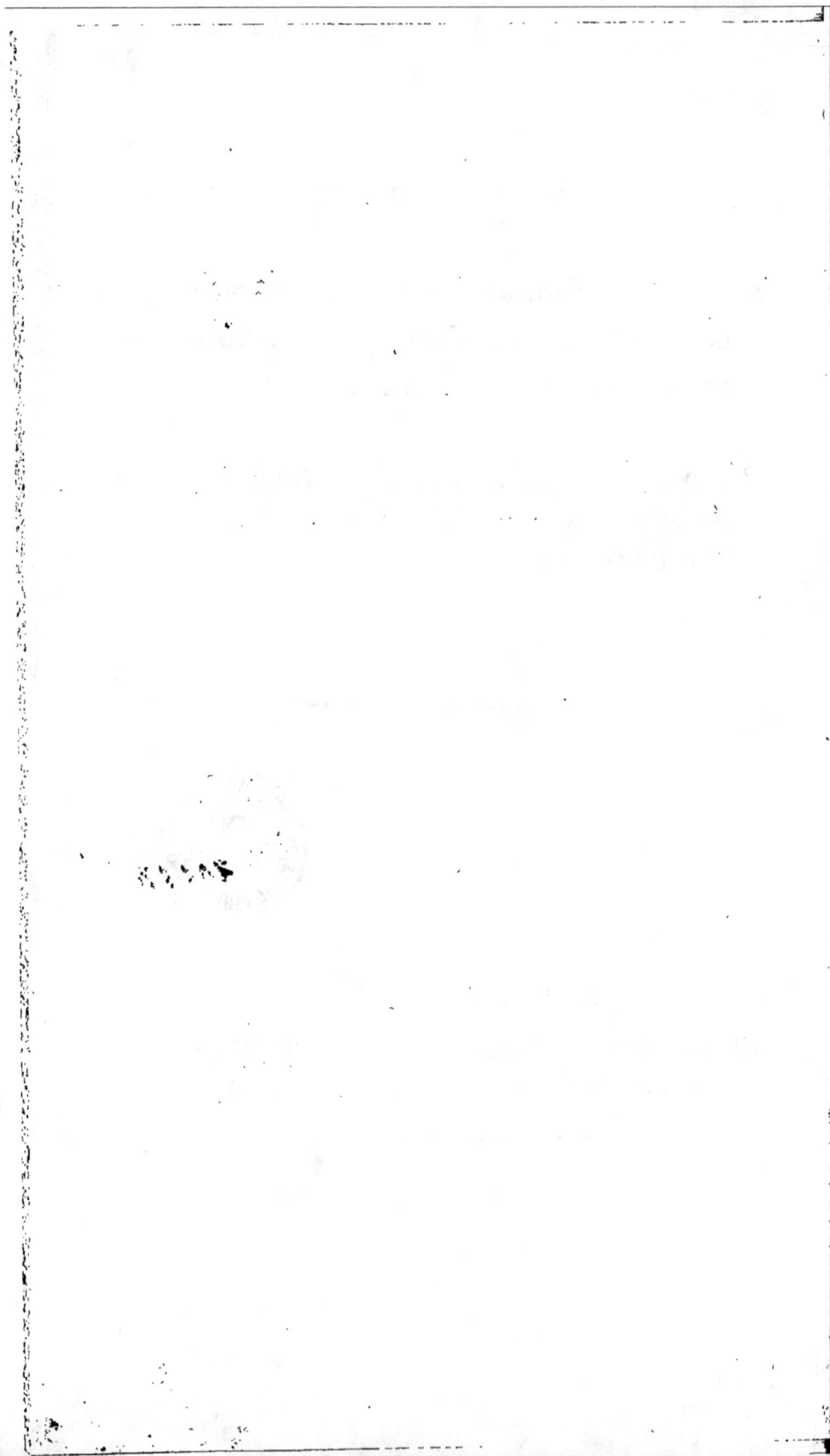

LES Décrets rendus par l'Assemblée
Nationale au sujet du Département de
Paris, montrent que les raisons exposées
dans les trois premiers Paragraphes de
cet Ecrit sont conformes à l'opinion du
Corps législatif.

On souhaite que les idées exposées
dans le quatrième, puissent mériter aussi
d'être prises en considération.

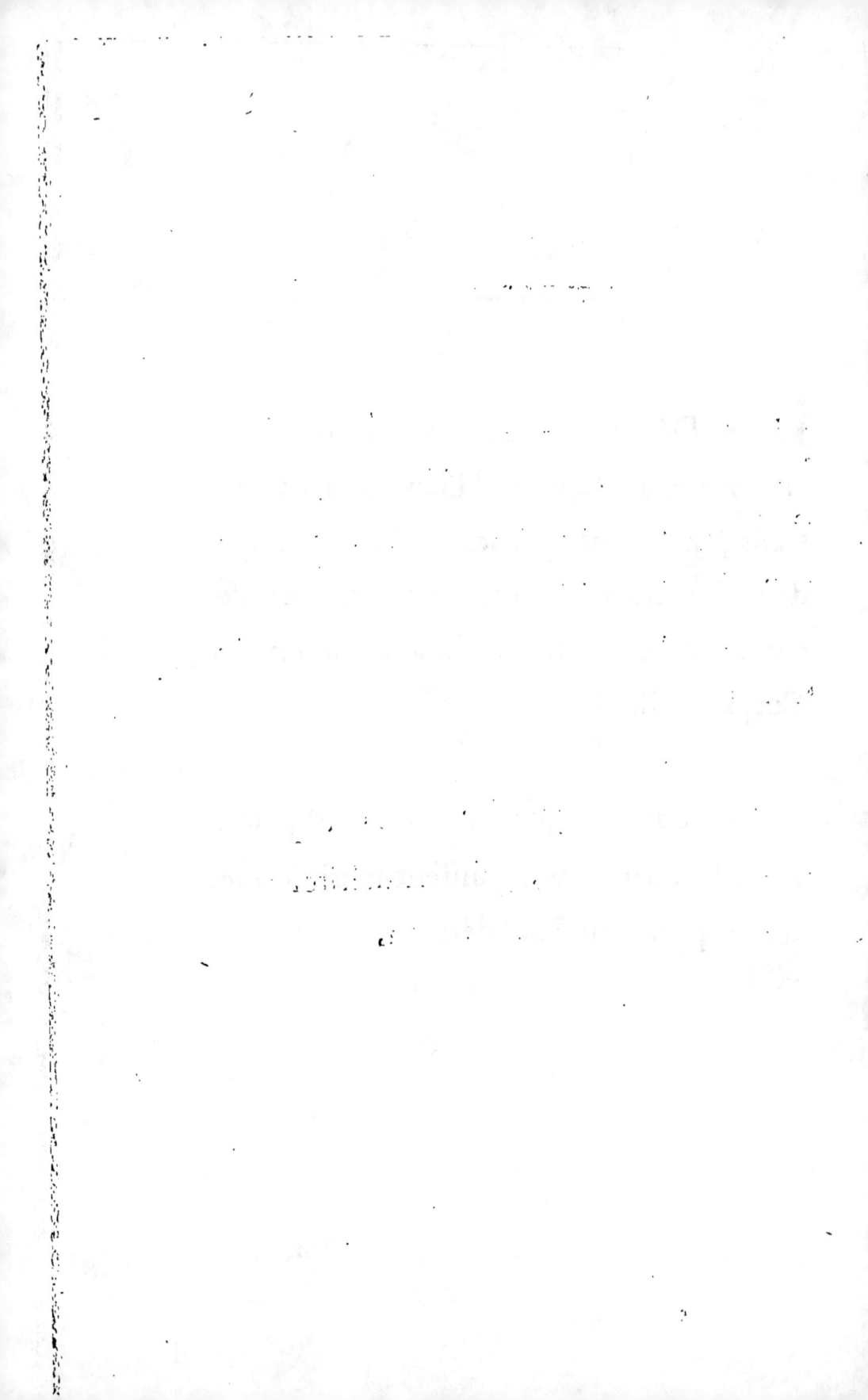

IDÉES

Sur la Constitution politique la plus convenable à la Ville de Paris formant seule un Département.

L'ASSEMBLÉE NATIONALE a pensé que la Ville de Paris, dont la population égale celle des trois Départemens du Poitou, & surpasse celle des trois Départemens du Dauphiné, devait former à elle seule un Département.

On a jugé que c'était le moyen d'assurer à cette grande Ville toute l'étendue de la représentation à laquelle elle a droit de prétendre dans l'Assemblée Nationale; de la rendre, non plus par hasard, mais constitutionnellement, Capitale du Royaume; & de favoriser, le plus qu'il sera possible, ses approvisionnemens, en y intéressant la totalité de l'Empire Français, & en tarissant la source de tous les prétextes qui pourraient y porter obstacle.

Il n'est pas inutile de rappeler ou du moins d'indiquer les raisonnemens qui établissent la justesse de cette opinion, car on y trouvera les principes de la forme d'administration que l'existence

A 3

constitutionnelle de Département paraît devoir imprimer à la Municipalité de Paris.

§. Iᵉʳ.

La Ville de Paris, formant un Département, sera mieux repréfentée.

Si la Ville de Paris était la capitale d'un Département, elle ne pourrait y former qu'un Diftrict, & ferait environnée de huit autres Diftricts, qui compoferaient le Département le plus peuplé du Royaume.

Chacun de ces Diftricts concourrait à fournir des Electeurs en raifon de fes contributions directes & du nombre de fes Citoyens actifs.

Or, on doit remarquer que les contributions directes font proportionnellement beaucoup plus fortes dans les Campagnes que dans les Villes, & fur-tout que dans la Capitale ; la raifon en eft qu'une grande partie des contributions des Villes, & fur-tout de la Capitale, font acquittées par des droits d'entrée, c'eft-à-dire, par des contributions indirectes.

Il en réfulte que le nombre des Citoyens actifs eft proportionnellement beaucoup plus con-

fidérable dans les Campagnes que dans les Villes ;
& (nous devons en convenir au fein de la première Ville du Royaume) cela même eft un bien :
car dans les Campagnes les mœurs font plus fimples
& plus pures, c'eft-à-dire, en d'autres termes, que
la raifon y eft plus faine, & que les idées y
font plus juftes, quoiqu'il y ait en général plus
de talens dans les Villes.

Cependant il faut que les Villes foient re-
préfentées ; & la nature des impofitions qu'elles
affectionnent y diminuant le nombre des Citoyens
actifs, une Ville de fix-cent mille ames ne doit
pas en préfenter beaucoup plus qu'une Campagne
peuplée de trois cent mille.

Les huit Diftricts qui environneraient Paris ayant
une population fupérieure à celle de Paris même,
il pourrait fe trouver qu'à l'Affemblée générale
de Département il n'y eût qu'un tiers d'Electeurs
fournis par la Ville de Paris & que les deux
autres tiers le fuffent par les Paroiffes & Commu-
nautés de Campagne.

Alors, pour peu qu'il fe fût élevé quelque ani-
mofité entre les Parifiens & les Campagnes de
leur Département, une majorité combinée, que
la différence des mœurs & celle des cof-
tumes rendrait très-facile, pourrait faire que la
totalité des Repréfentans fût choifie dans les Dif-

tricts extérieurs, & que la Ville de Paris ne fût aucunement repréfentée, quoiqu'elle parût l'être *in globo* dans fon Département, & que fes Citoyens actifs euffent participé aux élections.

On penfe bien que la chofe n'arriverait pas rigoureufement ainfi ; mais il fuffirait que Paris pût perdre un tiers, ou même un feul des Repréfentans auxquels fa population & fes contribution lui donnent droit, pour que l'arrangement qui l'expoferait à ce danger ne dût pas être agréable aux Habitans de Paris.

Il leur eft fenfiblement plus avantageux que la Ville, réunie tout au plus à fa banlieue, forme à elle feule un Département, dans lequel fes Citoyens ne concourront qu'entr'eux, & qui fera certain d'avoir dans l'Affemblée Nationale toute la repréfentation qui lui eft due : cet intérêt doit vivement toucher les Parifiens, quoiqu'il foit moins preffant que celui dont nous allons parler dans le paragraphe fuivant.

§. 1 I.

Intérêt de Paris, relativement à la fubfiflance.

Une Ville qui renferme fix à fept cent mille Habitans ne peut fubfifter qu'autant qu'une immenfe étendue de pays concourt à fon approvifionnement.

Elle ne faurait, l'y contraindre par la force.

Elle n'en a le droit vis à-vis de perfonne ; &, contre une immenfe étendue de pays, elle n'en aurait pas le pouvoir.

La liberté de la circulation des denrées, des conventions, des prix qui préfentent de l'avantage aux fourniffeurs, & l'évidence impérieufe de fes befoins font donc le feul gage qu'elle puiffe avoir des fecours qui lui feront donnés par fes compatriotes.

Elle peut & doit *obtenir* d'eux, elle ne doit rien leur *prendre*, & ne pourrait le tenter fans péril.

Ce ferait une idée très-injufte & très-inconftitutionnelle que d'imaginer qu'aucune Municipalité puiffe exercer aucun droit coërcitif fur une autre Municipalité. Les Municipalités font entre elles comme les hommes, & la révolution a été faite précifément pour que les grands n'opprimaffent pas les petits, pour que la puiffance fût uniquement employée à protéger le Peuple.

Paris, chef-lieu d'un Département, n'aurait aucun droit de plus fur le moindre Village de ce Département. La Municipalité de Paris n'aurait même aucune autorité fur le moindre Village de fon Diftrict.

L'Affemblée de Diftrict, qui prendrait les ordres de l'Affemblée de Département, les intimerait également à la Municipalité de Paris & aux autres Municipalités.

Ces ordres, quels qu'ils fuffent, ne pourraient rien ajouter à la sûreté des approvifionnemens de Paris; car, encore une fois, cette sûreté ne pourra jamais être garantie que par l'intérêt des fourniffeurs, les moyens de payer des Habitans, & la liberté de la circulation des fubfiftances, qui eft & doit être une loi conftitutionnelle de l'Etat, dont la confédération n'a pour objet que de faire refpecter toutes les propriétés, & de pourvoir à tous les befoins en raifon de leur urgence. Or le degré d'urgence des befoins ne peut fe manifefter que par le prix qu'offrent les confommateurs. Ceux qui ont le plus de befoin, payent le plus cher: on ne peut ni les priver des fecours qu'ils appellent, ni obliger les vendeurs de les donner à perte, pour fournir à des befoins moins preffans. C'eft ainfi que les approvifionnemens & les prix s'égalifent par-tout, au grand avantage de l'humanité, & avec équité pour tout le monde.

Mais, fi la liberté de la circulatio   le affurer l'approvifionnement des gra il n'eſt pas inutile, pour ſon parfait établiſſement après un long eſpace de troubles & d'orages, que chacun ſoit convaincu de l'indiſpenſable néceſſité de cette liberté, & de l'impoſſibilité où ſeraient les Villes de ſubſiſter par elles mêmes & par leur territoire. Or, lorſque Paris n'aura pour territoire qu'une banlieue, il n'y a perſonne qui ne ſente que cette Ville doit tirer ſon approviſionnement des Provinces, & qu'on ne pourrait lui refuſer, à cet égard, toute la facilité néceſſaire, ſans démence, ſans injuſtice, ſans cruauté : toutes les forces du Royaume concourront donc en ce cas à l'approviſionnement de Paris.

Si, au contraire, Paris ſemblait commander à un Département dont la Ville ſerait le chef-lieu & auquel cependant ſa Municipalité ne commanderait pas, les Départemens environnans pourraient croire ou feindre de croire que le Département de Paris ſuffit pour lui fournir tout ce qui peut être néceſſaire à ſa ſubſiſtance ; & cependant un Département de neuf lieues de rayon, ou d'une lieue de rayon, une Province, une banlieue, y ſont également inſuffiſans.

C'eſt à quoi Paris s'eſt expoſé toutes les fois qu'il a demandé une ſorte de préférence dans un arrondiſſement déterminé. Les arrondiſſemens environnans ſont devenus ennemis de Paris. Chaque

Ville a voulu avoir le fien ; la circulation a été obftruée ; des Cantons abondans ont manqué de débouchés pour leurs productions , & ont été privés d'une partie de leurs revenus ; d'autres, qui manquaient déjà d'approvifionnement, font tombés dans un dénuement plus grand encore ; & Paris lui-même reconnaiffant l'infuffifance de fon arrondiffement, a été obligé d'avoir recours à des approvifionnemens faits en pays étranger ; & cela, au milieu d'une récolte abondante & dans un Royaume fertile, mais où le fyftême des arrondiffemens devenu général de fait, malgré le droit naturel & politique, malgré les Loix , malgré les Décrets de l'Affemblée Nationale, malgré la Sanction du Roi , interceptait tous les approvifionnemens.

Cependant, quoiqu'un arrondiffement de neuf lieues de rayon ou d'environ trois cents lieues de fuperficie, foit auffi incapable de fournir à l'approvifionnement de Paris qu'une fimple banlieue, il ne le paraît pas autant ; & l'on objecterait à Paris comme une richeffe, un territoite de trois cents lieues qui ne pourrait lui être prefque d'aucun fecours.

C'eft un principe, lorfqu'on veut approvifionner une grande Ville , de commencer les achats au loin, afin de les ramener progreffivement fur elle, & de faire participer à fon abondance les Provinces environnantes. L'inftitution des arrondiffemens eft tout-à-fait contraire à ce principe. Au moment de la récolte la Ville éblouie par les reſſources faciles, que lui préſente ſon arrondiſſement, l'épuiſe ; & lorſqu'enſuite il faut qu'elle tire de plus loin, ce n'eſt pas ſans alarme, ni ſans humeur, que les Villes de l'arrondiſſement, déjà dénuées de proviſions, voient paſſer les grains deſtinés à la conſommation de la Ville principale. On multiplie donc les obſtacles à la ſubſiſtance des Villes par les arrondiſſemens qu'on leur attribue.

Si l'on voulait embraſſer dans le Département de Paris tous les lieux d'où cette Ville tire les choſes néceſſaires à ſes beſoins, il y faudrait comprendre la Normandie, l'Auvergne, le Limouſin pour ſes bœufs ; l'Orléanais, la Bourgogne, la Champagne & la Guyenne pour ſes vins ; la Provence & le Languedoc pour ſes huiles ; le Nivernais pour ſes bois, &c. &c.

Mais quel eſt le moyen de faire que toutes les Provinces ſoient ainſi dans le Département de Paris ? c'eſt de n'y en mettre aucune ; c'eſt de les intéreſſer toutes, & d'intéreſſer l'opinion publique, qui ſe forme à Paris plus qu'ailleurs, à faciliter par-tout l'échange & la communication des denrées ; c'eſt de lever tous les obſtacles qui s'oppoſent à la liberté du Commerce.

Quelques perfonnes ont cru qu'il ferait nécef-
faire que les moulins qui fervent à l'approvifionnement de Paris, fuffent placés dans le Département dont cette Ville ferait le chef-lieu ; leur
erreur à cet égard vient de ce qu'elles ont con-
fondu la propriété avec l'adminiftration , & l'Adminiftration Municipale avec celle de Département.

La Ville de Paris , comme toute autre Corpo-
ration , peut être propriétaire de moulins & de
magafins ; fa Municipalité peut régir fes moulins
& fes magafins comme les Repréfentans de toutes
les Corporations régiffent par tout le Royaume
leurs propriétés. Un grand nombre d'Etabliffe-
mens publics à Paris , & un bien plus grand nombre de Bourgeois de Paris ont des propriétés hors
de Paris. Ils les adminiftrent comme ils le jugent
convenable , & toutes les Loix du Royaume font
faites , tous les pouvoirs font établis pour leur en
conferver, pour leur en garantir la liberté. Il n'y
aurait aucune fûreté publique , ni particulière ,
l'Etat ferait renverfé, la Conftitution ferait nulle,
fi après que celle-ci aura été complettement dé-
crétée & fanctionnée , on pouvait empêcher un
feul particulier de faire travailler fes moulins
comme il lui conviendra, d'y porter des grains, d'en
retirer la farine ; à plus forte raifon une Ville ; à

plus forte raifen la première Ville du Royaume. Si Paris achetait les moulins de Moiffac, la puiffance entière du Roi & de la Nation devrait lui en garantir l'ufage auffi affuré que celui des moulins de Corbeil, ou des moulins de Montmartre, qui peuvent lui appartenir.

On ne peut fuppofer rien de contraire qu'en fuppofant l'abus de la force, la guerre civile, la diffolution de la fociété ; mais dans ce cas, comme dans l'autre, la diftance de Pontoife ou de Corbeil à Paris ne ferait ni augmentée, ni diminuée : foit que l'on eût compris ou non ces Villes dans le Département de Paris, les difficultés ou les facilités de la communication feraient exactement les mêmes.

Ainfi, ou il y aura paix & bon ordre, & alors tout le Royaume approvifionnera Paris avec d'autant plus de zèle, que ne lui fachant qu'une banlieue, tout le Royaume fera convaincu que cette banlieue & Paris doivent être nourris par les Provinces ; ou il y aura guerre, défordre, anéantiffement de la Monarchie, de la République, de tout, & alors il n'y aura de puiffance qu'à la portée des armes, & la deftruction de Paris par la difette deviendrait inévitable ; mais Dieu, la fageffe de l'Affemblée Nationale, la bonté du Roi, la modération des Parifiens eux-mêmes, le refpect qu'ils doivent au Corps légiflatif, au pouvoir exécutif, garantiront la Patrie d'un tel malheur.

§. I I I.

Paris, Capitale du Royaume ou d'un Département.

Si Paris était compris dans un Département, il ne ferait confidéré par les autres Départemens que comme une partie de Province. Ils ne fe regarderaient pas comme ayant des relations avec Paris, mais feulement avec le Département de Paris. Et en effet, jamais ils n'auraient avec la Municipalité de Paris aucune correfpondance directe ; ils ne pourraient en avoir qu'avec l'Affemblée du Département dans lequel la Ville de Paris ferait fituée ; car ce n'était pas le dérangement de la Conftitution que quelques Diftricts de Paris avaient demandé, en follicitant un Département de neuf lieues de rayon, c'était la conformité de régime avec les autres Villes.

Il aurait donc fallu établir à Paris, au-deffus de la Municipalité, une Affemblée de Diftrict, formée par les Repréfentans des Citoyens actifs compris dans Paris, & de ceux qui fe feraient trouvés dans les Villes & dans les Villages qui auraient fait partie du Diftrict de Paris.

Au-deffus de cette Affemblée de Diftrict, qui

dans

dans toutes les matières d'administration ; commandé directement à la Municipalité de Paris, il aurait fallu établir encore l'Assemblée de Département formée des Députés des Citoyens actifs, des huit Districts environnans & de ceux du District de Paris ; & nous avons vu dans le premier paragraphe, que par le simple usage de la liberté des élections dirigée par quelque mécontentement particulier, soit que ce mécontentement fût bien ou mal fondé, il aurait pu quelquefois arriver que dans l'Assemblée de Département, comme dans l'Assemblée Nationale, il ne se trouvât aucun Député direct de la Ville de Paris.

Si la Municipalité de Paris avait donc eu quelque pétition à faire, elle aurait été tenue de s'adresser à l'Assemblée du District dans lequel auraient été comprises la Ville & sa banlieue : cette Assemblée de District, ou en aurait décidé si la chose avait été de sa compétence, ou bien elle en aurait référé à l'Assemblée de Département, qui aurait prononcé si l'objet eût été de son ressort, ou qui en aurait référé elle-même à l'Assemblée Nationale & au Roi. Comme il faut en tout de l'ordre, & un ordre régulier & impartial, Paris n'aurait pu à cet égard avoir aucun droit de plus que le moindre Village.

Cette cafcade d'autorités a paru ne pouvoir convenir à la Ville de Paris, qui a toujours été regardée comme un Département particulier, qui n'a jamais été comprife dans l'Intendance où elle était enclavée, & qui même formait à elle feule un Gouvernement. Il n'y a point de Parifien qui n'eût été affligé de l'état fubalterne auquel il aurait fallu réduire cette grande Ville : il n'y en a point qui ne doive applaudir aux Citoyens qui fe font occupés des moyens de procurer à la Ville de Paris une plus grande exiftence politique dans l'Etat.

Cette exiftence politique fera la plus grande poffible, fi la Municipalité de Paris eft honorée des fonctions d'une Affemblée de Département ; fi elle peut correfpondre directement avec les autres Départemens, avec l'Affemblée Nationale & avec le Roi.

Alors on faura que Paris, inférieur en territoire, mais fupérieur en contributions & en population aux plus grandes provinces du Royaume, vaut & pèfe autant & plus qu'aucune de ces provinces. Alors la Ville de Paris ne fera plus regardée comme une fimple Municipalité ; elle

fera un des élémens principaux de l'organifation de l'Etat ; & ce ne fera que de ce moment qu'elle deviendra véritablement capitale du
Royaume, non par une fimple accumulation de
maifons, mais par la Conftitution qui lui fera
donnée.

Nous examinerons dans le paragraphe fuivant
quelle doit être la forme que la dignité de Département oblige de donner en effet à la Conftitution
de Paris, afin qu'il n'y ait dans fon fein aucune
autorité fupérieure à celle de fa Municipalité, que
celle de l'Affemblée Nationale & celle du Roi.

§ I V.

Comment organifer un Département dans la Ville
de Paris & fa Banlieue.

La Ville de Paris formant un Département,
il faut de toute néceffité qu'il préfente les mêmes
élémens que les autres, & qu'on ne puiffe remarquer aucune diffemblance importante entre
fon organifation & la leur.

Il faut donc qu'il s'y trouve des *Cantons* où

se tiennent des Assemblées primaires , afin que les Citoyens actifs y procèdent en la même forme établie dans les autres Cantons du Royaume aux élections pour lesquelles ils ont un droit direct.

Il faut que dans ces Cantons de Paris , des Juges de Paris remplissent les mêmes fonctions qui leur seront attribuées par-tout ailleurs.

Ces Cantons sont déjà formés; leur nombre, leur étendue ont paru proportionnés à celle de la Ville. On est accoutumé à y tenir des Assemblées primaires: ce sont les soixante Districts actuellement subsistans. (1) Ils n'auraient à changer que de nom & de fonctions. Ils éliraient un nombre de Juges de paix suffisant, pour qu'à toute heure de jour & de nuit on pût en trouver un ou deux séans dans la salle commune du Canton , aujourd'hui nommé District : la vigilance perpétuelle que demande la police d'une grande ville, exige dans chaque

---

(1) Ce que l'on dit ici du nombre des Districts établis autrefois par un pouvoir arbitraire , ne signifie point du tout que la Ville ne puisse proposer à l'Assemblée Nationale , & celle-ci combiner & décréter toute autre Division qui sembleroit plus convenable aux besoins des administrés.

Canton cette féance permanente des Juges de paix ; & les Diftricts actuels de Paris en ont contracté l'habitude.

On pourrait encore y conferver, par les mêmes raifons tenant à la multiplicité des détails, un Comité compofé d'un Préfident, d'un vice-Préfident & de quatre Confeillers chargés des fonctions d'adminiftration qui leur feraient déléguées, & notamment de l'infpection des hôtels garnis & autres maifons publiques, & de l'exécution des réglemens relatifs à l'illumination & à la propreté des rues.

Il faut que ces *Cantons* foient divifés en *Sections*, qui foient à plufieurs égards une image des petites Municipalités champêtres, & dans lefquelles un Syndic & deux Confeillers affiftés d'un Greffier, & tous les quatre élus par les Citoyens de leur Section, faffent, comme le Bureau municipal dans les Paroiffes de campagne, la répartition des impofitions entre les contribuables, & veillent, fous les ordres du Comité de leur Canton, à tout ce qui concerne la propreté & la fûreté publiques.

Conftitution de Paris.   B 3

. On diviferait la banlieue en douze Cantons, où l'on tiendrait pareillement des Affemblées primaires, & où l'on établirait le nombre de Juges de paix qui ferait convenable.

L'Adminiftration de ces Cantons *hors des murs*, & celle des Municipalités qui s'y trouveraient comprifes, feraient en tout femblables à celles des Cantons & des Municipalités de tous les autres Départemens.

La totalité de celui de Paris, Ville & Banlieue comprifes, ferait donc divifée en foixante-douze Cantons, que l'on pourrait partager en huit Diftricts, compofés chacun de neuf Cantons (1).

Chacun de ces huit *Diftricts* aurait, comme ceux des Provinces, un Directoire & un Confeil. Le Directoire remplirait précifément les mêmes fonctions que les Directoires des Diftricts pro-

---

(1) Il faut répéter que l'on ne parle toujours que par hypothèfe fur le nombre des Cantons, pour lequel on s'en rapporte entièrement aux lumières des Citoyens de Paris, & à la fageffe de l'Affemblée Nationale.

vinciaux ; il répartirait les impofitions entre les
Cantons & les fections de Canton ; il ferait
entretenir, fous les ordres de la Municipalité,
ou de l'Affemblée de Département, le pavé, les
chemins de fon Diftrict ; il infpecterait l'adminiftration des établiffemens publics, Colléges,
Hôpitaux, Cafernes qui fe trouveraient dans fon
Diftrict, d'après les inftructions qu'il recevrait de
la Municipalité générale qui ferait les fonctions
d'Affemblée de Département.

On n'établirait point de Tribunal dans les Diftricts, parce que la feule raifon qui ait porté l'Affemblée Nationale à placer un Tribunal dans chaque
Diftrict des autres Départemens, eft le louable défir
de rapprocher la Juftice des jufticiables. Mais cette
raifon eft inapplicable aux Diftricts du Département de Paris, puifqu'il ne s'y trouvera pas un
Canton, ni pas une fection de Canton, qui ne foit
à une diftance très-rapprochée du Châtelet lequel
exercera les fonctions de *Tribunal de Diftrict*,
fur tous ceux du Département.

Enfin la Municipalité préfidée par le Maire, &
formée pareillement d'un Directoire & d'un Con-

feil à la fois Municipal pour la Ville , & de Départe-
tement pour tous les Diftricts , aurait l'adminiftration générale , partagerait l'impôt entre les Diftricts,
recevrait & vérifierait les comptes de leurs Directoires & de leurs Confeils, leur intimerait les
ordres qui lui feraient donnés par l'Affemblée
Nationale & par le Roi, dirigerait les établiffemens publics qui feraient d'une utilité commune à tout le Département , furveillerait tous
les autres , exercerait la police générale , admi-
niftrerait la rivière , convoquerait & préfiderait
les Affemblées générales d'Electeurs , remplirait
toutes les mêmes fonctions que les Affemblées
de Département des Provinces.

La grande Municipalité de Paris , correfpon-
dant directement avec l'Affemblée Nationale &
avec le Roi , ferait donc parfaitement organifée
jufque dans fes moindres ramifications , & comme
Municipalité , & comme Affemblée de Département.

Les Cantons & les fections de Cantons de Paris
feraient en quelque façon de petites Municipalités,
dont les Officiers feraient revêtus par délégation
d'une fubdivifion du pouvoir adminiftratif.

Les Diftricts, formés de neuf Cantons, feraient en tout femblables aux Diftricts des Provinces; la Ville de Paris garderait fans inconvénient la plus grande dignité dont elle foit fufceptible; la conftitution de fon Département ferait complettement analogue à celle des autres Départemens, & aurait atteint le plus haut degré de perfection que l'on puiffe donner à un Département urbain.

Il me femble que pour peu que l'on ait de connaiffance du cœur humain, ainfi que de la grande néceffité d'éviter dans l'adminiftration tous les conflits d'autorité & la complication de refforts inutiles, on jugera que cette Conftitution pour la Ville de Paris & pour fon Département, formé d'elle-même, &, au de-là de fes murs, d'une fimple banlieue, eft incomparablement préférable à celle qui ne mettrait la Municipalité de Paris qu'au troifième rang dans l'adminiftration, & qui la foumettrait à l'Affemblée de fon Diftrict, qui ferait foumife elle-même à une Affemblée de Département.

J'offre à la fois ces idées à la Commune de Paris & à l'Affemblée Nationale, & je defire qu'elles y trouvent ce que je crois y voir, le moyen de concilier tous les droits, tous les intérêts, tous les besoins, &, ce qui est bien plus difficile, toutes les prétentions.

DU PONT.

TABLE.

———————————